Dieses Büchlein
gehört:

....

....

Bibliografische Information der Deutschen Bibliothek

Die Deutsche Bibliothek verzeichnet diese Publikation in der deutschen
Nationalbibliografie.
Detaillierte bibliografische Daten sind im Internet über http://www.dnb.de
abrufbar.

EIN BUCH DER EDITION MICHAEL FISCHER

1. Auflage 2020
© 2020 Edition Michael Fischer GmbH, Donnersbergstr. 7, 86859 Igling

Projektmanagement: Nora Köpp
Satz: Christina Gerg
Covergestaltung: Christina Gerg

Gedruckt bei LANAREPRO GmbH, Peter-Anich-Straße 14, 39011 Lana, Italien

ISBN: 978-3-96093-755-5

www.emf-verlag.de

inspiration
Sternenstaub

FARBE REIN STRESS RAUS

*50 zauberhaft verträumte
Motive ausmalen*

EMF

EIN BUCH DER
EDITION MICHAEL FISCHER

Mit Ausmalbildern träumen und entspannen

Fühlen auch Sie sich manchmal von der Welt, die Sie umgibt, irgendwie erdrückt und eingeengt? Wünschen Sie sich gelegentlich, den Alltag einfach hinter sich zu lassen und für ein paar Minuten in eine Oase der Ruhe und Zufriedenheit zu entfliehen?

In diesen Momenten gibt es kaum etwas Entspannenderes, als sich eine kurze Mal- oder Zeichenpause zu gönnen und beim Ausmalen in einer verträumten Welt der Farben und Formen zu versinken. Das meditative Kolorieren hilft Ihnen, sich zu entspannen und weckt schließlich die Kreativität, die in jedem von uns schlummert.

Dieses Heft enthält 50 verträumte und himmlische Motive, die Sie auf eine zauberhafte Reise zu den Sternen mitnehmen.

Wählen Sie das erste Motiv intuitiv aus und legen Sie los.
Es gibt keine Regeln! Egal, ob Filz- oder Buntstift. Lassen
Sie sich treiben von den Farben, die sich Ihnen bieten.
Allmählich werden Sie ruhiger und denken nur noch an
die Bewegung Ihrer Hand und an die Farben, mit denen
Sie die Konturen ausmalen. Konzentrieren Sie sich auf
kleinste Details.

Trennen Sie schließlich das fertige Bild (oder auch
mehrere), das Sie am meisten inspiriert, aus dem Heft
heraus. Ziehen Sie sich zurück, betrachten Sie es und
lassen Sie dabei Ihren Gedanken freien Lauf – so fördern
Sie Konzentration und Meditation.

Schon 5 bis 10 Minuten Ausmalen pro Tag genügen, um
zu entspannen und wieder zur Ruhe zu kommen!

Lassen Sie sich fallen und führen Sie nach Belieben das
Sternenmuster mit einem weißen Stift fort.

Vervollständigen Sie das Mandala mit eigenen Mustern oder Motiven.

Vervollständigen Sie das Mandala mit eigenen Mustern oder Motiven.

Lassen Sie Ihrer Fantasie freien Lauf und ergänzen
Sie weitere Sterne und Wolken.

Lassen Sie sich inspirieren und füllen Sie c
Himmelskörper mit eigenen Mustern.

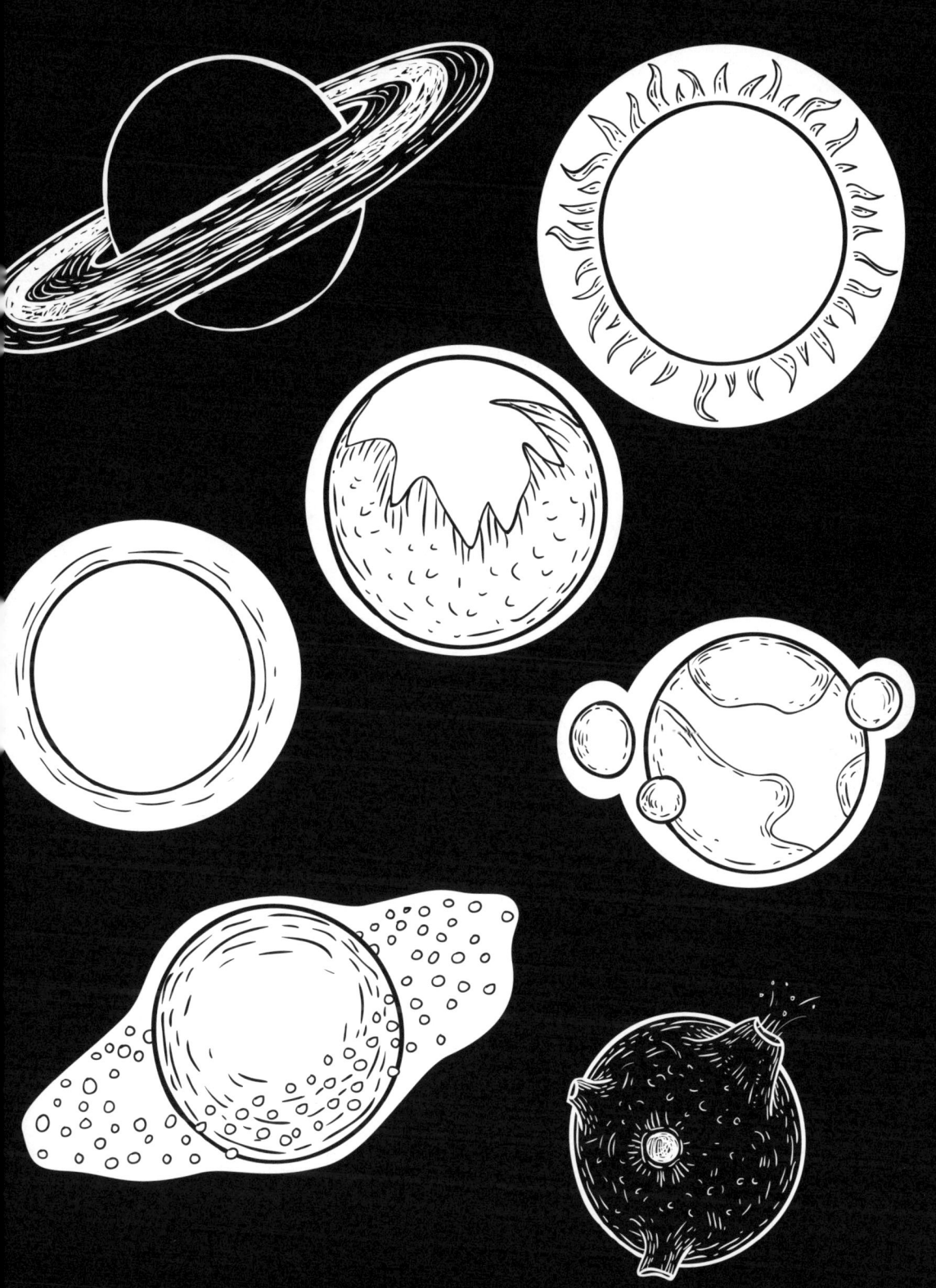

Bildnachweis:
Umschlag: © Julianka/Shutterstock, © Martyshova Maria/Shutterstock, © Blackspring/Shutterstock, © Tatiana_Kost/Shutterstock, © Lianella/Shutterstock; S. 1: © blue67design/Shutterstock, © Martyshova Maria/Shutterstock; S. 2 + S. 3: © Martyshova Maria/Shutterstock, © Julianka/Shutterstock, © Blackspring/Shutterstock, © unbekannt/freepik.com; S. 4 + S. 5: © TabitaZn/Shutterstock; S. 6 + S. 7: © A-R-T/Shutterstock; S. 8 + S. 9: © Ataly/Shutterstock; S. 10 + S. 11: © Tatiana_Kost/Shutterstock, © Martyshova Maria/Shutterstock; S. 12 + S. 13: © xenia_ok/Shutterstock; S. 14 + S. 15: © Vertyr/Shutterstock; S. 16 + S. 17: © Martyshova Maria/Shutterstock, © CPdesign/Shutterstock; S. 18 + S. 19: © matorinni/Shutterstock, © Koritsia/Shutterstock, © KsanasK/Shutterstock; S. 20 + S. 21: © Lola Tsvetaeva/Shutterstock; S. 22: © Verock/Shutterstock; S. 23: © Fairy-N/Shutterstock; S. 24: © harmonia_green/Shutterstock; S. 25: © Maljuk/Shutterstock; S. 26 + S. 27: © Sayanny/Shutterstock; S. 28 + S. 29: © andamanec/Shutterstock; S. 30 + S. 31: © Zinaida Zaiko/Shutterstock; S. 32 + S. 33: © vectorOK/Shutterstock; S. 34 + S. 35: © Baksiabat/Shutterstock; S. 36 + S. 37: © Blackspring/Shutterstock; S. 38 + S. 39: © IrinaKrivoruchko/Shutterstock, © Zvgeniya_K/Shutterstock; S. 40 + S. 41: © matorinni/Shutterstock; S. 42 + S. 43: © AllAnd/Shutterstock; S. 44: © panki/Shutterstock; S. 45: © Anna Poguliaeva/Shutterstock; S. 46 + S. 47: © Excess/Shutterstock; S. 48: © Incomible/Shutterstock; S. 49: © maverick_infanta/Shutterstock; S. 50 + S. 51: © Snezh/Shutterstock, © unbekannt/freepik.com; S. 52 + S. 53: © Julia Snegireva/Shutterstock; S. 54 © Curly Pat/Shutterstock; S. 55: © Baksiabat/Shutterstock; S. 56 + S. 57: © Marina Sun/Shutterstock; S. 58 + S. 59: © Cartone Animato/Shutterstock; S. 60: © ImHope/Shutterstock; S. 61: © CPdesign/Shutterstock; S. 62: © panki/Shutterstock; S. 63: © Reinekke/Shutterstock; S. 64: © lesiakabakova/Shutterstock.

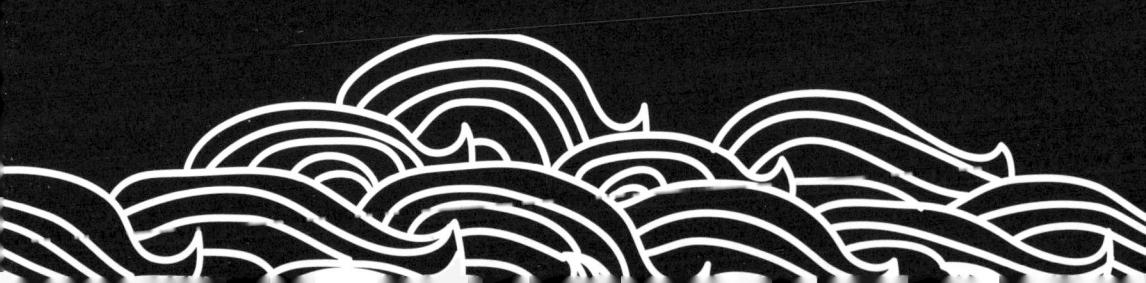